Petra Schulz / Luise Stockmann

Jesus – Stationen für Kinder

Kopiervorlagen für die Grundschule

Vandenhoeck & Ruprecht

Illustrationen von Luise Stockmann

Bibliografische Information der Deutschen Nationalbibliothek

Die Deutsche Nationalbibliothek verzeichnet diese Publikation in der
Deutschen Nationalbibliografie; detaillierte bibliografische Daten sind
im Internet über http://dnb.d-nb.de abrufbar.

ISBN 978-3-525-61018-3

© 2008, Vandenhoeck & Ruprecht GmbH & Co. KG, Göttingen / www.v-r.de
Alle Rechte vorbehalten. Das Werk und seine Teile sind urheberrechtlich geschützt.
Jede Verwertung in anderen als den gesetzlich zugelassenen Fällen bedarf der vorherigen
schriftlichen Einwilligung des Verlages. Hinweis zu § 52a UrhG: Weder das Werk noch seine
Teile dürfen ohne vorherige schriftliche Einwilligung des Verlages öffentlich zugänglich gemacht
werden. Das gilt auch bei einer entsprechenden Nutzung für Lehr- und Unterrichtszwecke.
Printed in Germany.
Druck und Bindung: ⊕ Hubert & Co, Göttingen

Gedruckt auf alterungsbeständigem Papier.

Inhalt

Zum Sinn des Materials	4
Zum Umgang mit dem Material	4
Zur »Perle« und anderen Metaphern	5

JESUS – DIE STATIONEN

HINFÜHRUNG			6-7
1. STATION	A Jesus wird getauft	B Jetzt du!	8-9
2. STATION	A Versuchung Jesu	B Jetzt du!	10-11
3. STATION	A Jüngerberufungen	B Jetzt du!	12-13
4. STATION	A Heilungen	B Jetzt du!	14-15
5. STATION	A Reden	B Jetzt du!	16-17
6. STATION	A Begegnungen	B Jetzt du!	18-19
7. STATION	A Gegner	B Jetzt du!	20-21
8. STATION	A Einzug in Jerusalem	B Jetzt du!	22-23
9. STATION	A Abendmahl	B Jetzt ihr!	24-25
10. STATION	A Gethsemane	B Jetzt du!	26-27
11. STATION	A Gefangennahme	B Jetzt du!	28-29
12. STATION	A Vor dem Hohen Rat	B Jetzt du!	30-31
13. STATION	A Verleugnung	B Jetzt du!	32-33
14. STATION	A Jesus vor Pilatus	B Jetzt du!	34-35
15. STATION	A Kreuzigung	B Jetzt du!	36-37
16. STATION	A Emmaus	B Jetzt du!	38-39
17. STATION	A Gewandelte Gegenwart	B Jetzt du!	40-41
18. STATION	A Verkündigung	B Jetzt du!	42-43
19. STATION	A Maria und Josef	B Jetzt du!	44-45
20. STATION	A Geburt Jesu	B Jetzt du!	46-47
ZUM SCHLUSS			48

Zum Sinn des Materials

Jesus Christus ist die Zentralgestalt des christlichen Glaubens. Die biblischen Geschichten, die von ihm erzählen, gehören zum Traditions- und Bildungsgut unserer Gesellschaft. Je mehr Kinder davon wissen, desto leichter finden sie sich darin zurecht.

In einer zunehmend unübersichtlichen Welt brauchen Kinder Deutungsangebote, Orientierungshilfen und Grundhaltungen, die das Zurechtfinden unterstützen. Sie brauchen Potenziale und Ressourcen, auf die sie bei der Bewältigung ihres Alltags zurückgreifen können.

Beide Aspekte legen es nahe, bereits mit Kindern in der Grundschule Jesusgeschichten in komplexer Weise zu behandeln. An zwanzig Stationen werden hier neue Zugangsweisen vorgestellt – unter Einbeziehung der kognitiven, emotionalen, kreativen sowie leiblichen Dimension.

Zum Umgang mit dem Material

Zu jeder Station gehören zwei Kopiervorlagen, die den Kindern zu Beginn ausgehändigt werden. Die Erarbeitung/Aneignung erfolgt in 5 Schritten:

1 + 2 In *Text* und *Bewegungsabfolge* wird eine Station des Lebens und Wirkens Jesu vorgestellt. In den Haltungen, die Jesus einnahm und die ihm gegenüber eingenommen wurden, erschließt sich das Geschehen. Leiblich und sinnlich kann der Wirkung nachgespürt werden.

   - Lesen Sie den Text jeweils vor; es sind wenige, prägnante Sätze.
   - Ermutigen Sie die Kinder, die Haltungen auszuprobieren, die auf den Zeichnungen dargestellt sind. (Sie finden Anregungen unter den Zeichnungen.)

3 Über eine zentrale Grunderfahrung der Jesus-Station wird der Schritt in die *Lebenswelt* der Kinder vollzogen. Arbeitsaufgaben geben Impulse zur Auseinandersetzung damit.

   - Die Kinder beschäftigen sich allein, zu zweit oder in kleinen Gruppen mit den Aufgaben. Oder:
   - Die Aufgaben werden im Klassenunterricht erarbeitet und besprochen.

4 Jesusgeschichte und Geschichte der Kinder erschließen sich wechselseitig. Diese *wechselseitige Erschließung* initiiert der vierte Schritt.

   - Diese Aufgaben eignen sich häufig zur Stillarbeit. Das Kind braucht Zeit und Ruhe.
   - Geben Sie jedem Kind die Möglichkeit, die Ergebnisse der eigenen Auseinandersetzung vorzustellen, aber auch für sich zu behalten.

5 Im Verlauf der Stationen gewinnen die Kinder Einsichten und entdecken Lebenshilfen. Die Kinder tragen diese gleich kostbaren Perlen zusammen: Das habe ich erkannt / Das ist mir wichtig geworden / Das nehme ich mit ... Die jeweils entdeckte Perle wird am Ende einer Station neben die geöffnete Muschel geschrieben. Die Kinder können die entdeckten Perlen in den Muschelschalen (Kopiervorlage S. 7) sammeln.

An einigen Stationen finden Sie Hinweise auf *Bilderbücher*. Ihr Gebrauch eröffnet einen überraschenden Zugang zum Thema der jeweiligen Station.

Auf einem *Elternabend oder Schulfest* können die Jesus-Stationen in 20 Szenen über Verlesen der Texte sowie Gestaltung der Bewegungsfolgen durch die Kinder anschaulich vorgestellt werden (ca. 50 Minuten).

Zur »Perle« und anderen Metaphern

Die Einsichten, die die Kinder gewinnen, werden – metaphorisch gesprochen – wie Perlen gesammelt. Das geschieht auf folgendem Hintergrund:

- *Wie entstehen Perlen?* Ein Fremdkörper dringt in die Muschel. Aus der Substanz, mit der die Muschel ihn umschließt, bildet sich die Perle. Die Perle entsteht aus der Auseinandersetzung mit einem Fremdkörper. Die Entwicklung des Kostbaren wird angestoßen durch eine Störung. Die Störung wirkt produktiv. Jede Perle ist anders gewachsen und gestaltet. (⇨ evtl. ein fächerübergreifendes Projekt Religion –Sachkunde – Biologie durchführen)
- *Geschichte Jesu und Geschichten der Kinder begegnen sich.* In der Begegnung entstehen neue Einsichten. Einsichten fallen in der Regel nicht in den Schoß. Sie sind das Ergebnis eines Arbeitsprozesses. Sie haben eine emotionale und eine kognitive Dimension. Sie eröffnen neue Handlungsperspektiven.
- *Perlen liegen verborgen.* »Manchmal sehe ich den Wald vor Bäumen nicht«, »Jetzt fällt es mir wie Schuppen von den Augen«. Wahrnehmung ist Übungssache. (⇨ Anregungen u.a. bei: Norman Messenger, Stell dir vor ... Das Wunder-Bilder-Buch, Patmos, Düsseldorf [2]2006 | Ole Könnecke, Antons Geheimnis. Ein Fertigmalbuch, Carl Hanser, München/ Wien 2007)
- *Perlen werden gefunden und zusammengetragen* – Ertrag einer Störung, einer Auseinandersetzung, einer Suche. Auf den 20 Stationen zum Leben Jesu entstehen Perlen, werden sichtbar und entdeckt. In jeder Station finden sich andere Perlen. Die Kinder tragen die Perlen zusammen und erschließen sich Potenziale und Ressourcen.

Die Perle ist Sinnbild der Liebe Gottes.
Nach christlichem Verständnis ist die Liebe Gottes
in Jesus Christus offenbar und wahrnehmbar geworden.

In jeder religionspädagogischen Arbeit gilt es, einem naiven Fürwahrhalten biblischer Erzählungen entgegenzuwirken. Deshalb wird kontinuierlich ein metaphorisches Verständnis (d.h. ein Verständnis in einem übertragenen Sinn) angeregt. Metapherübungen fördern dieses Anliegen.

Metaphern sind poetische Sprachformen. Metaphern sind offen für persönliche Erfahrungen, für individuelle Anverwandlung und schöpferische Weiterentwicklung. Aus didaktischen Gründen wird hier das Wort »wie«, das eigentlich nicht zur Metapher, sondern zur Vorstufe der Metapher, dem Vergleich, gehört, als Brücke auf dem Weg zur Bildung einer Metapher eingeführt: Kraft wirkt *wie* eine große Welle / *wie* ein scharfes Messer.

Über Metapherübungen kann die mythische Vorstellungswelt der Bibel erschlossen werden: Wüste ist mehr als ein geographischer Ort. Wüste steht für Einsamkeit, Auf-sich-geworfen-Sein (vgl. S. 10). Der Krankheitsdämon ist ein Bild für die Sorgen, die Traurigkeiten, die Angst der Frau (vgl. S. 15).

A

Hinführung

Wir wissen wenig darüber, wie Jesus aufgewachsen ist. Wir wissen nicht, was er als Kind oder als Jugendlicher erlebt hat.

In der Bibel, bei Markus, Matthäus, Lukas und Johannes, den Evangelisten, wird vor allem von dem erwachsenen Jesus erzählt.

Als Jesus ungefähr 30 Jahre alt war, trat er öffentlich in Erscheinung. Seine Worte und Taten bewegten viele Menschen. Einige ließen sich anrühren, andere stießen sich an ihm.

1) Er will ihn nicht. Er stößt ihn weg.
2) Er lässt sich anrühren. Er will ihm nahe sein.

Sieh dir die *Haltungen* der Figuren genau an. Mit ein paar Strichen wird eine Haltung deutlich, eine ganze Geschichte erzählt.

Probiere die Haltungen aus.

B

In der Begegnung mit Jesus entdeckten Menschen Neues und Überraschendes. Die Entdeckungen waren ihnen kostbar wie Perlen.

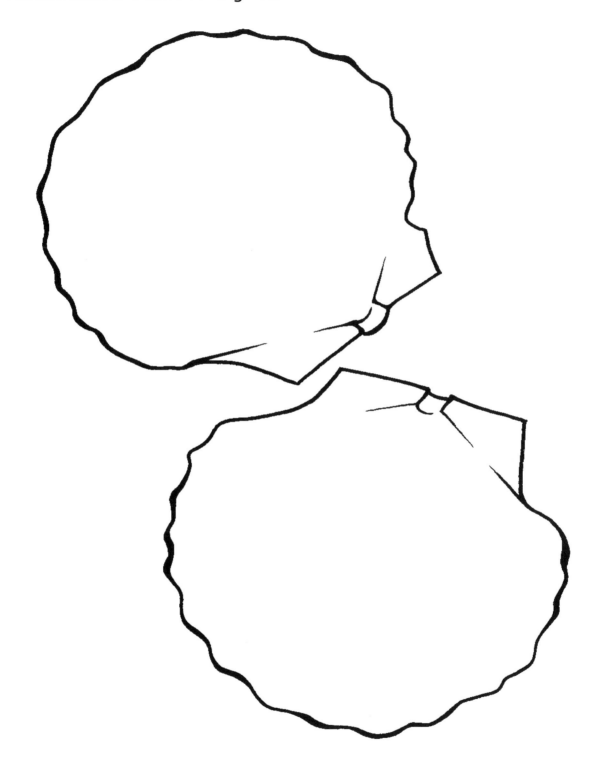

Welche Perlen entdeckst du? Lerne Jesus-Stationen kennen. Begib dich dort auf Perlensuche. Sammle deine Perlen in diesen Muschelschalen.

A

1. Station: Jesus wird getauft

Jesus wird von Johannes dem Täufer im Fluss Jordan getauft.
Dabei bekommt er von Gott eine Lebensaufgabe.
Er hört in seinem Herzen eine Stimme, die ihm sagt:
»Geh und erzähle den Menschen von Gott.«
Jesus weiß, dass Gott ihn liebt und bei ihm ist.
Gott gibt ihm Kraft.

1) Da steht er: Sieh mich an, Gott: Hier bin ich.
2) Er breitet die Arme aus: Ich bin bereit, um zu empfangen.
3) Er spürt in sich eine große Kraft. Gott ist bei ihm.

Von Jesu Taufe wird erzählt bei Markus im 1. Kapitel in den Versen 9 bis 11 (Markus 1,9–11).

B

1. Station: Jetzt du!

Erinnere dich an eine große Aufgabe, die DIR einmal übertragen wurde:

Wer hat dir Kraft gegeben?	....
Wie fühlt die Kraft sich an? (weich, hart, stachelig, kalt …?)	....
Welche Farbe hat die Kraft?	....

Male ein Bild zu deiner Kraft.

Schreibe auf: Meine Kraft ist wie ....

....

A

2. Station: Versuchung Jesu

Eine große Aufgabe kann Zweifel hervorrufen und erfordert Mut. Dann fühlt man sich furchtbar einsam. Ganz allein. Wie in einer großen Wüste. So geht es Jesus auch.
Er ist hin und her gerissen, ob er der großen Aufgabe, von Gott zu erzählen, gewachsen ist.
In ihm steigen Gedanken auf, die ihn von seinem großen Ziel abbringen wollen. In seiner großen Angst hält er sich an Gottes Nähe fest und erinnert sich daran, was wirklich wichtig ist.

1) Da steht er – fest.

2) Dann kommt die Angst. Er wehrt sich.

3) Wieder steht er fest. Er spürt in sich die große Kraft. Gott ist bei ihm.

4) ...

5) ...

6) Dann bekommt er Angst ...

7) ...

Von Jesu Versuchung wird bei Matthäus 4,1–11 erzählt.

2. Station: Jetzt du!

Katja ist Klassensprecherin geworden. Der Lehrer ist ungerecht zu einem Mitschüler. Keiner in der Klasse traut sich, aufzustehen und den Mitschüler in Schutz zu nehmen. Katja überlegt, was sie tun soll. Was spricht für das eine, was spricht für das andere?

Aufstehen und den Mitschüler verteidigen	Lieber schweigen so wie alle

Katja will sich ihrer Aufgabe als Klassensprecherin stellen, obwohl sie Angst hat. Stell dir vor: Jesus berichtet Katja von seinen Erfahrungen. Was könnte ihr helfen?

Kinderbuch: Elisabeth Shaw, Der kleine Angsthase, Der Kinderbuchverlag in der Verlagsgruppe Beltz, Weinheim/Basel/Berlin 2006.

A

3. Station: Jüngerberufungen

Damit er bei seiner Aufgabe, den Menschen von Gott zu erzählen, nicht so allein ist, hat Jesus sich Freunde gesucht, die ihn unterstützen.
Am See Genezareth begegnet er den Fischern Petrus, Andreas, Jakobus und Johannes. Sie sind so überzeugt von Jesus, dass sie alles zurücklassen und ihm als Erste folgen.
Später kommen noch mehr Männer und Frauen dazu.
Gemeinsam begegnen sie anderen Menschen.
Sie erzählen ihnen, dass Gott bei ihnen ist und sie liebt.

1) Da ist er bei seiner Arbeit.
2) Da schaut Jesus ihn an.
3) Da will er mit ihm gehen.

Von Jüngerberufungen wird erzählt bei Markus 1,14–20.

3. Station: Jetzt du!

Was ist eigentlich ein Beruf? Was ist eine Berufung?
Frage Erwachsene nach ihrem Beruf:

Was tun sie?
Tun sie es gern?
Sagen Sie, dass ihr Beruf auch Berufung ist?

Wenn du Antworten gesammelt hast, erkläre:

Beruf	Berufung

Warum geben Petrus, Andreas, Jakobus und Johannes ihren Beruf auf und folgen Jesus? Nenne mögliche Gründe.

Das tun sie,

weil ....

weil ....

weil ....

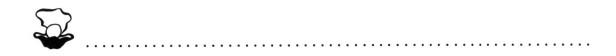

© 2008, Vandenhoeck & Ruprecht, Göttingen

A

4. Station: Heilungen

Auf seinem Weg durch die Gebiete Judäa, Samarien und Galiläa begegnet Jesus immer wieder Menschen, die sind starr vor Angst, taub und blind für ihre Umwelt, stumm vor Trauer und krumm vor Sorge.
Ihnen spricht er Mut zu. Er zeigt ihnen, dass er sie lieb hat wie sie sind, egal, was sie getan haben oder was ihnen angetan wurde.
So nimmt er ihnen ihre Ängste, Vorurteile und Trauer.
Er macht, dass sie sehen und hören können, was um sie herum geschieht, dass sie sich wieder mitteilen und befreit bewegen können.
Jesus gibt ihnen Geborgenheit und einen Platz in seiner Gemeinschaft.

1) Da begegnet Jesus einem Menschen. Er berührt ihn.
2) Da kann er sich aufrichten.

B

4. Station: Jetzt du!

Trage auf deinem Rücken einen schweren Sack. – Wie verändert sich deine Haltung?

. . . .

. . . .

Menschen sagen: »Das lastet auf meinen Schultern *wie* ein schwerer Sack ...« – Stell dir den Sack vor. Was kann darin sein? Gestalte auf einem großen Zeichenblockblatt eine Collage.

Lies Lukas 13,11–13. Vergleiche mit deiner Collage: Findest du darauf Beispiele für Krankheitsdämonen?

Der Krankheitsdämon ist ein Bild für

. . . .

. . . .

Kinderbuch: Philip Waechter, Rosi in der Geisterbahn, Beltz & Gelberg, Weinheim/Basel 2005.

. . . .

© 2008, Vandenhoeck & Ruprecht, Göttingen

A

5. Station: Reden

Jesus nimmt seinen Auftrag sehr ernst.
Er erzählt den Menschen immer wieder von Gott. Kraft geht von ihm aus.
Jesus berührt die Herzen der Menschen mit seinen Worten.
Er will, dass die Menschen verstehen, was er sagt.
Er erzählt Geschichten und gibt Beispiele.
Jesus redet in Gleichnissen von Gott und dem Reich Gottes.

1) Da hocken sie und knien. Sie hören gebannt zu.
2) Da steht Jesus und spricht zu ihnen.
3) Die Arme weit geöffnet – was er sagt, kommt nicht allein aus ihm.

B

5. Station: Jetzt du!

Wem hörst du gern zu, wenn er/sie erzählt?

o Eltern	o Lehrer	o Freunde	o Sportler
o Schauspieler	o Bücher	o …	o …

Warum? ....

....

Wem glaubst du, wenn er dir etwas erzählen will?

o Eltern	o Lehrer	o Freunde	o Sportler
o Schauspieler	o Bücher	o …	o …

Warum? ....

....

Finde heraus, WAS Jesus gesagt hat: Lies drei von den vielen Geschichten, die er erzählt hat, selber nach:

   1) Lukas 15,1–6   2) Lukas 15,11–32
   3) Matthäus 18,23–35

Welche Geschichte gefällt dir am besten?

Warum? ....

....

....

© 2008, Vandenhoeck & Ruprecht, Göttingen

A

6. Station: Begegnungen

Es gibt Menschen, die am Rand der Gesellschaft stehen.
Sie werden ausgegrenzt und gering geachtet – weil sie etwas Schlimmes getan haben, weil sie krank sind, weil sie aus einem anderen Volk stammen oder einfach weil sie Frauen sind.
Jesus macht keine Unterschiede.
Er wendet sich allen Menschen zu.
Viele, die sich für besser halten, verstehen ihn nicht. Sie machen ihm Vorwürfe.
Jesus lässt sich nicht beirren.
Er sagt: Diese Menschen, die ihr ausschließt, auf die will ich mich einlassen.

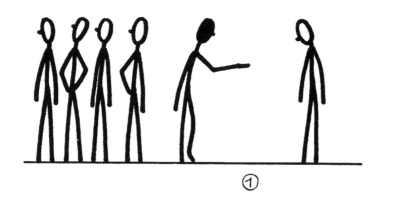

1) Da stehen sie und wenden sich ab:

- »Wer sich mit so einem abgibt, ist auch nichts wert.«
- »Wichtig ist, mit den Starken gut Freund zu sein.«
- »Das ist ja peinlich.«
- »Mit dem will ich nichts zu tun haben.«

2) Jesus geht auf ihn zu.

B

6. Station: Jetzt du!

Kai betritt zum ersten Mal seine neue Schule. Mit seiner Familie ist er aus einem anderen Land hierher gezogen. Vieles ist ihm noch fremd und die Sprache fällt ihm schwer. Kai hat ein bisschen Angst. Aber er ist auch neugierig auf die vielen Kinder in seiner neuen Klasse. Zu Beginn der ersten Stunde stellt ihn die Lehrerin der Klasse vor und weist ihm einen Platz zu. Alle Kinder starren ihn an. Einige kichern und tuscheln. In der Pause will keiner mit ihm reden. Beim Fußball lassen sie ihn nicht mitspielen. Kai versteht das nicht. Nur Paul lächelt ihm aufmunternd zu ...

....
....
....
....
....

Schreibe auf, wie die Geschichte weitergeht. Vielleicht könnte Paul Kai helfen?
Lies Markus 2,13–16.
Mach einen Vorschlag, was die Jünger den Schriftgelehrten antworten könnten:

....
....
....
....

Kinderbuch: Manuela Olten, Echte Kerle, Bajazzo Verlag, Zürich 2006.
Tomi Ungerer, Die drei Räuber, Diogenes, Zürich 1977.

© 2008, Vandenhoeck & Ruprecht, Göttingen

A

7. Station: Gegner

Jesu Worte und sein Verhalten sind für manche Männer und Frauen unerhört.
Jesus bringt Unruhe; er rüttelt an Bräuchen und Überzeugungen.
Die Hohenpriester und Schriftgelehrten bezweifeln, dass Jesus die Wahrheit von Gott sagt.
Jesus ist ihnen unheimlich. Sie wollen ihn loswerden.
Zu dieser Zeit herrschen die Römer im Land. Sie unterdrücken das Volk.
Jesus spricht vom Reich Gottes, das kommen wird.
Jesu Gegner haben Angst, dass die Römer ihn für einen Anführer halten, der das Volk aufhetzt gegen sie.

1) Da stehen sie und stecken die Köpfe zusammen.
2) Da gehen sie auseinander. Sie machen sich heimlich Zeichen: Dem werden wir es zeigen. Wartet's nur ab.

B

7. Station: Jetzt du!

»Das macht man nicht!«   »So etwas gehört sich doch nicht!«
»Das ist ja unerhört!«   »Wie kann er das nur tun?«
»Das können wir nicht zulassen!«

Wo hast du solche Sätze schon einmal gehört?

Einmal als..

....

....

Stell dir vor, du bist ein Detektiv. In der Bibel kannst du herausfinden, womit Jesus Verdacht und Anstoß erregt hat. Lies an folgenden Stellen nach und notiere, was du findest:

Markus 2,23–27	....
Markus 2,13–16	....
Markus 12,38–40	....

A

8. Station: Einzug in Jerusalem

Jesus geht mit seinen Gefährten nach Jerusalem.
Das ist gefährlich. Da sind viele Römer, Gelehrte und fromme Führer des Volkes.
In diesen Tagen ist Jerusalem das Ziel vieler Menschen.
Das Passafest steht bevor.
Beim Passafest erinnern sich die Juden daran, dass Gott das Volk Israel aus der Unterdrückung in Ägypten befreit hat. Das war vor langer Zeit.
Die Menschen laufen Jesus jubelnd entgegen.
Sie haben von seinen guten Taten gehört.
Sie glauben, dass er der angekündigte König ist.
Als sie ihn auf einem Esel reiten sehen, wundern sie sich.
Sie haben erwartet, dass der Einzug des neuen Herrschers glanzvoller sein würde.

1) »Hoffentlich kommt er bald.«
2) »Ja, ich sehe ihn schon.«
3) »Alles soll vorbereitet sein, wenn er eintrifft.«
4) »Endlich, er ist da.«

Der Einzug Jesu in Jerusalem steht bei Markus 11,1–10.

8. Station: Jetzt du!

Weißt du, wie ein Filmstar zur Verleihung eines Filmpreises vorfährt?
Weißt du, wie ein König zu einem großen Fest ankommt?
Erzähle ...

....

....

....

....

....

....

....

Lies nach: Lukas 22,24–27. – Warum zieht Jesus anders ein?
Male (auf ein großes Blatt) ein Bild: hier der Filmstar oder König ...
dort Jesus.

| König | Jesus |

A

9. Station: Abendmahl

Am Donnerstag vor dem Passafest isst Jesus mit seinen 12 engsten Gefährten zu Abend.

Er sagt: »Ihr werdet euch an diesen Abend erinnern, wenn ich gestorben bin. Wenn ihr gemeinsam Brot esst und Wein trinkt und auch an mich denkt, bin ich bei euch. Das wird euch Kraft geben und euch ermutigen. Ihr wisst, dass ihr zu mir gehört und untereinander verbunden seid durch mich.«

1) Da sitzen sie zusammen – bei Brot und Wein.
2) Da spüren sie: Wir gehören zusammen.

Vom Abendmahl steht geschrieben bei Markus 14,17–25.

B

9. Station: Jetzt ihr!

Bereitet ein gemeinsames Essen vor:
Jeder bringt genau so viel mit, wie in seine Hand passt.
Teilt jedes einzelne Mitgebrachte auf, so dass jeder von euch davon etwas bekommt. (Es ist schwer, ein Brötchen in 20 Stücke zu teilen. Aber es geht!) – Überlegt für euer gemeinsames Essen ein Motto oder einen Titel und einen Anfangsspruch:

....
....
....

Lies bei Markus 8,1–10: Wie erklärst du dir, dass alle satt wurden?

....
....
....
....

© 2008, Vandenhoeck & Ruprecht, Göttingen | 25

A

10. Station: Gethsemane

Nach dem Essen geht Jesus mit seinen Jüngern in den Garten Gethsemane.
Hier will er beten.
Jesus hat Angst.
Er bittet seine Gefährten, mit ihm wach zu bleiben, um nicht allein zu sein.
Doch sie schlafen immer wieder ein.
Jesus fühlt sich furchtbar einsam.
Durch seine Gebete spürt er die Nähe Gottes und bekommt neue Kraft. Aber die Angst bleibt.

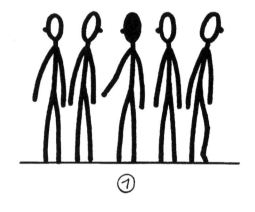  

1) Noch sind seine Gefährten bei ihm.
2) Dann steht er ganz allein.
3) Die Angst drückt ihn nieder.

Von Gethsemane steht geschrieben bei Markus 14,32–42.

B

10. Station: Jetzt du!

Was gibt Kindern Kraft, wenn sie allein sind und Angst haben?
Schreib um die Muschel herum, was helfen kann (= Perlen)

....

....

Obwohl Jesus die große Kraft spürt, bleibt die Angst. Jesus geht mit der Kraft durch die Angst hindurch. Male ein Bild von Jesu Kraft in seiner Angst. (Du kannst auch ein größeres Blatt dafür nehmen.)

Kinderbuch: Christine Merz, Bettina Gotzen-Beck, Lea Wirbelwind fürchtet sich nicht – oder doch?, Kerle im Verlag Herder, Freiburg i. B. 2006

....

A

11. Station: Gefangennahme

Da kommen Tempelsoldaten.
Die Ältesten, Schriftgelehrten und Hohenpriester haben sie geschickt.
Sie wollen Jesus anklagen.
Die Tempelsoldaten schlagen Jesus und nehmen ihn gefangen.
Jesus wehrt sich nicht.

1) Da schlagen die Soldaten Jesus.
2) Da nehmen sie ihn gefangen.

Von der Gefangennahme steht geschrieben bei Markus 14,43–50.

B

11. Station: Jetzt du!

Julius hat endlich einen Hund bekommen. Er hat versprochen, sich ganz allein um ihn zu kümmern. Er hat den Hund sehr lieb. Der Hund freut sich immer, wenn Julius aus der Schule kommt. Jeden Tag muss Julius mehrmals mit ihm spazieren gehen.

Nach drei Wochen hat er keine Lust mehr. Er würde in dieser Zeit lieber mit Sven, seinem besten Freund spielen. Die Mutter sagt: »Der Hund bleibt nur dann bei uns, wenn du dich weiterhin um ihn kümmerst. Willst du deiner Sache treu bleiben?« Julius denkt nach …

....
....
....
....
....
....

Jesus bleibt seiner Sache treu. Bring es auf den Punkt: Was ist denn Jesu Sache? (Schau in den anderen Stationen nach.)

....

 ....

A

12. Station: Vor dem Hohen Rat

Jesus wird vor den Hohen Rat geführt.
Der Hohenpriester fragt Jesus nach seiner Lehre.
Jesus sagt: »Ich habe doch öffentlich gelehrt. Jeder konnte es hören. Warum fragst du mich?«
Die Schriftgelehrten halten ihm vor: »Du legst das Gesetz anders aus als wir. Du schaffst Unruhe im Volk. Das werden die Römer nicht zulassen.«
Sie wollen Jesus beseitigen.
Aber sie wissen: Das Todesurteil kann nur Pilatus, der Römer, fällen.
Sie bringen Jesus zu ihm.

1) Die Soldaten führen Jesus vor.
2) Da wird er angeklagt.

Von Jesus vor dem Hohen Rat steht geschrieben bei Markus 14,53.55–65

12. Station: Jetzt du!

»Die Schlinge zieht sich zusammen.«
»Es spitzt sich zu.«
»Es schnürt die Luft ab.«
»Es wird eng.«

Wähle einen Satz aus. Unterstreiche ihn. Gestalte dazu ein Kunstwerk. Verwende Schnur, Zeitungspapier und Stoffreste.

Wie sieht es jetzt in Jesu Inneren aus? – Jesus erzählt Gott von seinen Gefühlen und Gedanken. Schreibe auf, was Jesus gesagt haben könnte.

....
....
....
....
....

A

13. Station: Verleugnung

Jesu Gefährten haben Angst.
Sie laufen weg und verstecken sich, um nicht selbst gefangen zu werden.
Nur Petrus folgt Jesus heimlich.
Er wird entdeckt und gefragt: »Bist du nicht einer der Gefährten Jesu?«
Petrus sagt: »Ich kenne diesen Mann nicht.«

 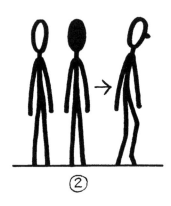 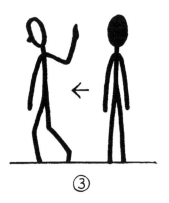

① ② ③

1) Da stehen sie Jesus zur Seite.
2) Da laufen sie weg – aus Angst.
3) Da sagen sie: Wir kennen Jesus nicht.

Die Geschichte von der Verleugnung steht bei Markus 14,54.66–72

13. Station: Jetzt du!

B

Freunde haben ist schön und wichtig.

Selbst ein guter Freund sein ist nicht immer einfach.

Überlege und schreibe auf:

Was macht einen guten Freund, einen gute Freundin aus?

. . . .

Worauf kommt es für dich in einer Freundschaft an?

. . . .

Wodurch kann eine Freundschaft auf die Probe gestellt werden?

. . . .

Diskutiert in der Klasse über eure Antworten.

Stell dir vor, Petrus und Jesus begegnen sich nach diesem Erlebnis. Überlege dir ein Gespräch, das die beiden geführt haben könnten.

Petrus: . . . .

Jesus: . . . .

Petrus: . . . .

Jesus: . . . .

Lest eure Gespräche mit verteilten Rollen vor.

. . . .

© 2008, Vandenhoeck & Ruprecht, Göttingen

A

14. Station: Jesus vor Pilatus

Die Hohenpriester und Schriftgelehrten können Jesus nicht selbst verurteilen.
Sie bringen ihn zu Pontius Pilatus.
Er hat viel Macht. Er ist Statthalter der Römer im Land.
Pilatus hört die Anklage der Hohenpriester: »Er wiegelt das Volk auf. Er bringt alles durcheinander. Er gefährdet die Macht Roms.«
Jesus sagt: »Mein Reich ist von anderer Art als das Römische Reich.«
Pilatus versteht das nicht.
Er lässt Jesus kreuzigen.

1) Da führen die Soldaten Jesus vor.
2) Da wird er verurteilt.

Von Jesus vor dem Pilatus steht geschrieben bei Markus 15,1–15. (Siehe auch Jesaja 65,25)

B

14. Station: Jetzt du!

»Du verstehst mich nicht.«   »Das habe ich anders gemeint.«
»So war das nicht.«   »Das habe ich so nicht gesagt.«

Erinnere dich: Du wolltest etwas erklären, aber niemand hat dich verstanden. Was dachtest du? Wie fühltest du dich?

```
..................................................................
..................................................................
..................................................................
..................................................................
```

Jesus sagt: »Mein Reich ist von anderer Art als das Römische Reich.« Was meint er damit? Was ist ihm wichtig? Lies nach: Lukas 22,24–26.

```
..................................................................
..................................................................
..................................................................
..................................................................
```

Kinderbuch: Maritgen Matter, Anke Faust, Ein Schaf fürs Leben, Verlag Friedrich Oetinger, Hamburg 2003.

A

15. Station: Kreuzigung

Noch am gleichen Tag wird Jesus ausgepeitscht.
Er wird von den Zuschauern verspottet, angespuckt und geschlagen.
Er wird mit Nägeln an ein Kreuz geschlagen.
So wird es zu dieser Zeit nur mit den schlimmsten Verbrechern gemacht.
Als er stirbt, ist er ganz allein.
Einige seiner Freunde beobachten das Geschehen von Weitem.
Sie sind traurig und verzweifelt.
Durch Jesu Tod ist ihre Hoffnung auf das Reich Gottes zerstört.

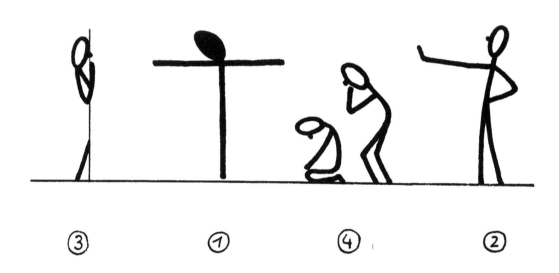

1) Jesus stirbt am Kreuz.
2) »Das geschieht ihm recht.«
3) »Hoffentlich merken sie nicht, dass ich immer bei ihm war.«
4) »Es hat alles keinen Sinn mehr.«

Von der Kreuzigung wird berichtet bei Markus 15,20–41.

15. Station: Jetzt du!

In der Bibel, in Psalmen und Klageliedern, haben Menschen ihre Trauer und Verzweiflung zum Ausdruck gebracht. – Lies nach: Psalm 22, Verse 1–3.8.12–17 | Psalm 69, Verse 2+3.21 | Psalm 37, Vers 20. Sammle Ausdrücke und Bilder, die dort für Gefühle verwendet werden.

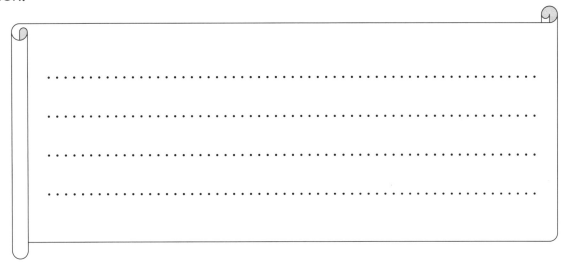

Schau dir die Gesichter an.
Wähle eines aus.
Was denkt das Kind?
Was fühlt das Kind?
Schreibe ein Klagelied.
Verwende dafür
ein Extrablatt.

A

16. Station: Emmaus

Tage später gehen zwei Freunde von Jesus nach Emmaus.
Das ist ein Dorf in der Nähe von Jerusalem.
Sie sind verzweifelt, weil Jesus tot ist.
Auf dem Weg sprechen sie über alles, was Jesus gesagt und getan hat.
Sie haben viel mit ihm erlebt.
Ihre Erinnerungen werden immer lebendiger.
Jesus ist ihnen ganz nah. Sie spüren: Er ist da!
Sie sehen ihn und hören ihn – nur ganz anders als vor seinem Tod.
Sie laufen zurück nach Jerusalem und erzählen Jesu Jüngern davon.

① ②

1) Verzweifelt und traurig geht er weg.
2) Er erinnert sich und spürt: Jesus ist da. Das gibt ihm neuen Mut.

Die Emmausgeschichte steht bei Lukas 24,13–35.

B

16. Station: Jetzt du!

Es gibt verschiedene Arten zu sehen und zu hören. Was siehst du mit den Augen? Was hörst du mit den Ohren? Was siehst und hörst du mit dem Herzen? Worin unterscheiden sich die verschiedenen Arten zu sehen und zu hören?

Augen sehen …	Herzen sehen …
. . . .	. . . .
. . . .	. . . .
. . . .	. . . .
Ohren hören …	**Herzen hören …**
. . . .	. . . .
. . . .	. . . .
. . . .	. . . .

Wie haben Jesu Freunde ihn auf dem Weg gesehen und gehört?
Schreibe auf, was sie Jesu Jüngern berichten.

. . . .

. . . .

. . . .

Kinderbuch: Peter Schössow, Gehört das so??! Die Geschichte von Elvis, Carl Hanser Verlag, München/Wien 2005.

. . . .

A

17. Station: Gewandelte Gegenwart

Nach einiger Zeit sitzen die Jünger beisammen.
Wie zuletzt mit Jesus essen sie Brot und trinken Wein.
Sie erinnern sich an Jesu Worte: »Ich werde bei euch sein, wenn ihr
Brot brecht und Wein trinkt. Ich werde euch nicht verlassen.«
Sie bekommen wieder Hoffnung.
Jesus ist bei ihnen, wenn sie an ihn denken.
Das gibt ihnen neue Kraft.

1) Sie sind mutlos. Jeder für sich allein.
2) Sie teilen Brot und Wein – wie damals mit Jesus.
   Sie gehören zusammen. Sie richten sich auf.

Vom Abendmahl berichtet Paulus im 1. Brief an die Korinther (1. Korinther 11,23–25).

B

17. Station: Jetzt du!

Nele hat Geburtstag. Sie wird acht Jahre alt. Alle sind gekommen. Doch Nele ist traurig. Justus ist nicht da. Er ist mit seinen Eltern weggezogen.
Die Mutter holt eine Postkarte. Diese hat Justus Nele zum Geburtstag geschrieben. Sie legt sie auf den Platz, auf dem sonst Justus gesessen hätte. »Justus ist da«, sagt die Mutter.

Erkläre Nele, was die Mutter meint. Wenn du kannst, gib ihr Tipps, was sie noch tun könnte.

. . . .

. . . .

. . . .

. . . .

. . . .

Was könnte den *Jüngern* noch helfen, dass sie spüren: Jesus ist da?

. . . .

. . . .

. . . .

. . . .

. . . .

© 2008, Vandenhoeck & Ruprecht, Göttingen

A

18. Station: Verkündigung

Für seine Freunde ist Jesus ein besonderer Mensch.
Sie spüren: Er ist ganz nah bei Gott. Er ist wie eins mit Gott.
Aber er ist auch ganz nah bei ihnen. Er ist wie eins mit ihnen.
Sie beschließen, den Menschen von Jesus und vom Reich Gottes zu erzählen, genau wie Jesus es getan hat.
Sie erzählen auch Geschichten von seiner Geburt.
Sie wollen zeigen: Jesus war von Anfang an etwas Besonderes.
Und er war von Anfang an in Gefahr.

① ② ③

1) Da erinnert er sich an das, was alles passiert ist.
2) Andere Menschen sollen auch davon erfahren. Er erzählt es weiter.
3) Er schreibt auf, was er von Jesus gehört hat. Es soll nicht vergessen werden. Alle sollen es lesen können.

18. Station: Jetzt du!

> Tanjas Urgroßvater war ein mutiger Mensch. Großmutter hat oft erzählt, wie er im Krieg Essen organisiert und anderen Menschen unter Lebensgefahr geholfen hat. Aber von seiner Kindheit wissen alle aus der Familie wenig.
>
> Jetzt sitzen Tanja und die Großmutter oft zusammen, trinken Kakao und erzählen sich Geschichten. Sie erzählen Geschichten, die der mutige Urgroßvater erlebt haben könnte, als er so alt war wie Tanja. Sie erzählen, wie er so tapfer und unerschrocken geworden sein könnte.

Diskutiert: Was ist »erfunden«, was ist »wahr« an solchen Geschichten, wie Tanja und ihre Großmutter sie erzählen?

Lies nach bei Johannes 21,24–25. Schreibe eine Geschichte, die Jesus als Kind erlebt haben *könnte*.

....
....
....
....
....
....

A

19. Station: Maria und Josef

Maria ist schwanger.
Sie spürt, dass durch ihren Sohn Großes geschehen wird.
Gott wird ihm nah sein.
Maria sagt: »Mein Sohn ist von Gott.«
Auch Josef merkt, dass sein Sohn etwas Außergewöhnliches ist.

1) Da spürt sie: Etwas Großes wird ihr geschenkt
2) Er zeigt ihr, dass sie nicht allein ist.

Die Geburtsankündigung Jesu steht bei Lukas 1,26–38.

B

19. Station: Jetzt du!

Was meinen Eltern, die sagen: »Unser Kind wurde uns geschenkt.«
Was wollen sie damit ausdrücken? – Fragt Mütter und Väter, Groß-
mütter und Großväter. Tragt die Antworten in die Kästchen ein.

Welche Antwort gefällt dir am besten? Begründe.

In drei Tagen ist Weihnachten. Lasse hat die Päckchen schon gesehen. Sie liegen auf dem Schlafzimmerschrank der Eltern. Sie
liegen da und dürfen noch nicht aufgemacht werden. Lasse kann
es kaum aushalten. Er ist ganz aufgeregt und voller Erwartung:
Was ist darin?

Ebenso voller Vorfreude ist Maria vor der Geburt Jesu: Wie wird ihr
Sohn werden?

Überlegt gemeinsam: Welche Töne, Klänge und Geräusche können
Erwartung, Spannung, Vorfreude ausdrücken. – Gestaltet gemeinsam
ein musikalisches Werk mit dem Titel »Erwartung«.

© 2008, Vandenhoeck & Ruprecht, Göttingen

A

20. Station: Geburt Jesu

Maria und Josef sind unterwegs von Nazareth nach Bethlehem.
Die Wehen kommen.
Sie finden keine Unterkunft. Nur in einem Stall ist noch Platz.
Als Maria Jesus geboren hat, legt sie ihn in einen Futtertrog, den nennt man Krippe.
Leute aus dem Volk, Hirten kommen und weise Männer von weit her.
Sie sagen: »Der neue König der Juden, der Messias, der Retter ist geboren.«
Sie sind glücklich.
König Herodes hat Angst.
Wenn Jesus der erwartete Messias ist, dann ist es aus mit Herodes' Macht.
Herodes will Jesus töten.
Aber die weisen Männer verraten nicht, wo Jesus zu finden ist.

1) Die einen freuen sich mit Maria und Josef.
2) Die anderen sehen Gefahr kommen.
3) Manche helfen und schützen sie.

B

20. Station: Jetzt du!

Lies Matthäus 2,1–12, Lukas 2,1–19. Stell dir vor, die Krippe könnte
erzählen. Was erzählt sie von Jesus?

....

....

....

....

....

....

Nun lies nach: Jesu Einzug in Jerusalem, Station 8, Markus 11,1–10:
Gibt dem Esel, auf dem Jesus reitet, eine Stimme. Was erzählt er
von Jesus?

....

....

....

....

....

....

Worin liegt die Gemeinsamkeit der beiden Erzählungen?

....

....

Zum Schluss ...

Die weisen Männer bringen dem Kind in der Krippe kostbare Geschenke. Schau bei den Perlen nach, die DU gesammelt hast: Was könntest du Jesus mit auf seinen Lebensweg geben? Schreib es in die Muschel.

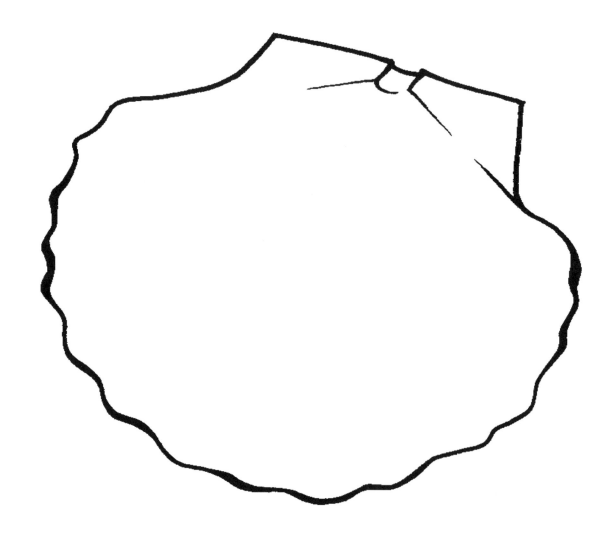